AF356238

SUR

LES AÏNO

PAR

LÉON DE ROSNY

EXTRAIT DES COMPTES RENDUS
DU CONGRÈS INTERNATIONAL DES SCIENCES GÉOGRAPHIQUES

PARIS

IMPRIMERIE DE E. MARTINET

2, RUE MIGNON, 2

1878

SUR LES AÏNO

L'éminent président du Groupe IV m'a fait l'honneur de m'inviter à prendre la parole sur la 84ᵉ question du programme. Il me paraît encore très-difficile, pour ne pas dire prématuré, d'aborder cette question dans son ensemble, et surtout de la résoudre. Mais il me semble utile que chacun apporte les faits positifs de détail qu'il a été à même de recueillir dans le cours de ses investigations.

Parmi les différents essaims de population que l'on considère assez généralement comme provenant de la race autochthone ou tout au moins préhistorique de l'Asie orientale, les *Aïno* sont au nombre des plus intéressants ; et, grâce aux progrès des études japonaises, nous pouvons espérer que leur histoire ethnologique ne tardera pas à prendre place dans le cadre de la science des nations. C'est sur cette race, longtemps énigmatique pour les anthropologistes, que je compte surtout appeler votre attention ; mais, afin d'envisager au moins un des côtés synthétiques du problème qui nous est posé, j'essayerai de relier l'examen ethnographique du groupe kourilien à celui des tribus proto-chinoises des continents asiatiques. J'y joindrai quelques indications au sujet des peuplades qui habitent les montagnes de l'est et du nord de l'Indo-Chine et qui ont semblé appartenir à la même famille.

J'ai démontré ailleurs que les dénominations d'Aïno et de Kouriliens se rapportaient au même rameau anthropologique, et que la signification de ces deux noms était la même. Cependant, comme l'usage est la loi du langage, je me conformerai à l'usage, en rattachant plus spécialement le nom d'Aïno aux peuples soumis à la domination politique du Japon, et celui de Kouriliens à l'ensemble de la race.

L'habitat actuel de la race kourilienne comprend l'île de Yézo, celle de Krafto, l'archipel des Kouriles, la pointe méridionale de la péninsule du Kamtchatka et une bande étroite de terre située sur la côte orientale de la Mandchourie. Mais nous savons d'une façon positive, par l'histoire du Japon, que cette même race occupait, antérieurement au vIIᵉ siècle avant notre ère, la grande île de Nippon et très-probablement aussi toute l'étendue des îles Si-koku et des Kiu-siu. C'est par une hypothèse, d'ailleurs très-vraisemblable, qu'on a étendu leur domaine à l'archipel Loutchouan, situé au sud du Japon.

Lorsqu'en 667 avant notre ère, le guerrier Zinmou, d'origine étrangère, vint aborder comme un autre Guillaume le Conquérant dans l'archipel de l'extrême Orient, où il devait jeter les fondements de la monarchie japonaise, le pays était alors occupé par une population nombreuse et énergique qui s'était depuis longtemps affranchie des langes de la barbarie. Cette population avait constitué dans le pays une puissante féodalité, dont les nouveaux venus ne devaient pas tarder à adopter l'organisation politique.

Zinmou comprit tout d'abord qu'il avait sérieusement à compter avec ces antiques possesseurs du sol, et il jugea prudent de chercher à contracter des alliances étroites avec leurs chefs. Il fit plus : il usa d'un adroit stratagème pour se faire accepter comme membre de leur famille, et pour rattacher son origine et la leur aux anciennes divinités populaires du pays. Ce stratagème assura l'établissement définitif de la tribu envahissante dans l'île de Nippon; mais il fallut encore de nombreux siècles et des guerres longues et périlleuses pour que les Aïno consentissent à céder aux conquérants le sol de leurs ancêtres qu'ils défendaient pied à pied.

Ce ne fut guère que sous le règne de Hanasono II (1429 à 1464) que les Aïno furent définitivement expulsés de la grande île de Nippon et que les Japonais commencèrent à établir, pour les surveiller, des postes militaires au sud de l'île de Yézo. Par la suite, les mikado voulurent annexer à leur empire l'île de Yézo tout entière et les îles kouriliennes situées dans la direction septentrionale. A cet effet, ils établirent un daïmyau ou prince féodal dans la ville de Matu-maë, dont ils firent une capitale (1). Diverses expéditions furent entreprises pour réduire les indigènes qui continuaient à se révolter périodiquement contre la domination étrangère. Les expéditions au cœur de l'île eurent, pour la plupart, peu de succès; mais les Japonais étant parvenus, par voie de mer, à établir des postes sur plusieurs points autour de Yézo, ils se considérèrent comme maîtres de tout le pays, en évitant le plus possible le contact avec les Aïno refoulés par eux dans les montagnes de la région centrale.

La plupart des auteurs chinois et japonais (je ne parle pas des auteurs récents qui se sont inspirés d'idées européennes) prétendent que l'existence des populations velues dans l'extrême Orient, populations qu'ils identifient avec les Aïno, était connue dès les temps les plus reculés; et, à l'appui de leur opinion, ils citent le *Chan-haï-king*, ou Livre sacré des Montagnes et des Mers, qui est la plus ancienne des géographies de la Chine et même jusqu'à présent du monde entier. Ce livre, qu'on a trop dédaigné et qu'on n'a considéré que comme un tissu de fables et de narrations extravagantes, parce qu'au lieu de le lire on a trouvé plus commode de le juger sur les images bizarres dont il est orné, n'en renferme pas moins, au milieu d'une foule de

---

(1) Le territoire de Matu-maë fut conquis en 1443 par Nobu-hiro, et ses descendants y régnèrent jusqu'à notre époque sous le titre de daï-myau ou princes féodaux. — Antérieurement à cette époque, Yosi-tune, frère du premier syaugoun Yoritomo, vaincu par ce dernier, s'était réfugié à Yézo (en 1189) avec une bande de partisans, y avait épousé la fille d'un chef du pays, et avait été reconnu roi par les indigènes. Le souvenir de ce prince a été conservé religieusement par les Aïno, qui ont longtemps professé un véritable culte pour la mémoire.

récits imaginaires, des indications dont la critique historique et géographique trouvera certainement un jour à tirer profit. Parmi un grand nombre de peuples légendaires, le *Chan-haï-king* nous cite des nations, notamment les Coréens et les Indiens (1), dont il n'est pas sans intérêt de trouver la mention dans un livre aussi ancien et aussi authentique. Le passage qui peut être rattaché aux Aïno est celui qui a trait à un peuple désigné sous le nom de *Mao-min* « le peuple velu » ; il est compris dans la Section des peuples orientaux d'outre-mer (2). On y lit ces seuls mots : « Le pays du peuple velu est situé au nord du pays de *Hiouen-kou* « les Pieds noirs » (dont les habitants se revêtaient de peaux de poisson) ; le corps de ces habitants est couvert de poils. »

Le commentateur chinois ajoute « qu'ils ont des poils comme les porcs, qu'ils habitent des cavernes et ne portent point de vêtements ».

En dehors de ce passage, les renseignements que nous fournissent les anciens auteurs chinois, au sujet des peuples velus de l'Asie orientale, se réduisent à fort peu de chose. Nous trouvons bien, dans les grandes annales de la Chine, la mention de quelques individus de race aïno, amenés au Céleste Empire à la suite d'un ambassadeur japonais ; mais les détails recueillis sur leur pays, à cette occasion, ne peuvent servir en rien à la solution du problème posé par le Congrès. Je ne m'y arrêterai donc point.

La littérature japonaise, comme on devait d'ailleurs s'y attendre, est beaucoup plus riche en documents sur les Aïno ; et déjà je possède dans ma collection trois relations de voyages qui me fournissent des renseignements très-circonstanciés, sur autant de rameaux différents de la population kourilienne. J'ai, en outre, extrait des principaux historiens du Japon les faits chronologiques relatifs à l'histoire de Yézo, de sorte que je serai à même de donner, d'une façon suffisamment complète, dans mon *Histoire de la Race Jaune*, les annales de ce peuple.

D'après cet ensemble de documents, je crois pouvoir établir les faits suivants :

Le caractère si remarquable du système pileux chez les Aïno se retrouve chez toutes les tribus, bien que plus ou moins développé, à Yézo, à Krafto, dans l'archipel des Kouriles, à la pointe méridionale du Kamtchatka et sur la côte orientale de Tartarie. Ce caractère est si persistant dans la race, qu'il se maintient chez les métis aïno-japonais, bien que s'amoindrissant quelque peu. J'ai eu l'occasion de voir un Japonais descendant par les femmes d'un chef de Yézo, et sur la poitrine duquel j'ai constaté la présence d'une véritable forêt de poils mesurant de 5 à 18 centimètres. La chevelure de la plupart d'entre eux est très-abondante, ce qui se constate également chez beaucoup de Japonais ; mais la barbe, presque toujours rare chez ces derniers, est, au contraire, très-fournie chez les Aïno.

Un caractère également général chez toutes les tribus aïno qui ont eu peu de contact avec les Japonais est le développement considérable et la proéminence du nez. Chez les métis, l'épatement mongolique du nez japonais prend généralement le dessus.

<hr>

(1) *Chan-haï-king kouang-tchou*, liv. XVIII.
(2) *Chan-haï-king kouang-tchou*, liv. IX, f° 6, v°.

Les Aïno du sud de Yézo, notamment ceux de Matu-maë, ont les pommettes saillantes, presque au même degré que les Chinois.

Quant à la couleur de la peau, je crains fort qu'on se soit trop hâté de se prononcer à cet égard. J'ai eu l'honneur d'insister devant le quatrième groupe pour que, notamment dans l'étude des races de l'Asie orientale, on n'attachât point une importance exagérée à la couleur de la peau pour les classements ethnographiques. Je n'entrerai pas ici dans des discussions ethnologiques qui m'entraîneraient nécessairement en dehors de mon sujet. Mais je tiens à établir que dans la plupart des tribus aïno, la couleur de la peau, naturellement d'un brun clair avec quelques reflets jaunâtres, ne saurait en aucune façon être assimilée à la teinte de la peau de nos races européennes. Et, à cette occasion, je crois devoir ajouter que j'ai vu des femmes japonaises dont toutes les parties exposées à l'air, la face et les bras, étaient aussi blancs que possible, tandis que les parties du corps habituellement recouvertes de vêtements avaient une couleur plus jaune que la peau du plus jaune des Chinois.

C'est seulement en mettant de côté la question de la couleur de la peau, que le problème posé dans la 84e question du programme du Congrès peut être au moins envisagé dès à présent par la science. Les populations dites autochthones de la Chine et de l'Indo-Chine sont loin d'être des populations blanches, bien qu'elles aient certains caractères qui les rattachent à ces dernières.

Il résulte des études que j'ai entreprises depuis plus de quinze ans pour la composition d'une *Histoire de la Race Jaune*, que, dans les temps les plus reculés, la Chine, ou tout au moins la partie de cet empire située au sud du cours du fleuve Jaune, était occupée par une race essentiellement distincte de la race chinoise. Cette race, refoulée par l'émigration venue des hautes montagnes de l'Asie centrale, à une époque sans doute très-antérieure au XXVIe siècle avant notre ère, résista longtemps à la nation envahissante ; longtemps même elle disputa vigoureusement aux conquérants le sol habité par ses pères, et elle sut maintenir sa domination sur des territoires dont les savants paraissent n'avoir pas soupçonné la vaste étendue.

Ces peuples autochthones, en effet, formaient une foule de tribus distinctes, et non point, comme on le répète trop souvent, un peuple dont les Miao-tsze seraient le dernier reste. Les Chinois conquérants avaient trouvé, pour se distinguer de toutes ces populations autochthones, la qualification de *li-min* « le peuple aux cheveux noirs », qui ne se rapportait, à ce qu'il paraît, à aucune d'entre elles. Mais est-on en droit de conclure de là que ces autochthones étaient, comme on l'a soutenu, une race aux cheveux blonds? Je ne le crois pas.

Ces nations primitives formaient plusieurs grands groupes, parmi lesquels il faut surtout citer les Min-youen à l'est, dans la direction de la mer de Chine, les Lin-kiun au nord, entre le Kiang et le Hoang-ho, les Pan-hou au cœur de l'empire chinois actuel et aux environs du territoire des Miao-tsze, et les Leao, qui occupaient non-seulement la partie occidentale de la Chine, mais encore les montagnes situées au nord de la Birmanie et du Tchiengmaï. Il est hors de doute que ces groupes de population n'appartenaient pas tous à une seule et même race. Le type européen qu'on a cru retrouver plus ou moins nettement caractérisé chez quelques hordes miao-tsze, et qui paraît avoir été surtout celui des Leao, n'était point celui des Pan-hou, et encore moins celui des Toung-tsieh, population très-brune de la partie méridionale du bassin du Kiang.

Sauf à développer ultérieurement les indications rapides que je fournis en ce moment, je crois devoir constater, sur l'ancien territoire envahi par les Chinois, au moins trois races distinctes : la première, qui est peut-être bien la dernière arrivée, offre des rapports frappants avec ce que nous appelons la race blanche ; la seconde, brune et très-colorée, donne une vague idée de la race malaise, dont on trouve d'ailleurs de nombreux vestiges en Indo-Chine ; la troisième enfin d'une provenance, je crois, absolument inconnue, est noire, et, si j'ose me permettre une hypothèse, pourrait bien appartenir au même essaim qui a fourni la population de la partie centrale de l'île de Formose.

Je crois avoir montré, dans le peu de mots qui précède, que le problème soulevé par le programme du Congrès est encore bien autrement vaste qu'on ne pouvait le supposer. J'ai signalé l'existence de peuples préhistoriques, je pourrais déjà presque dire de civilisations, dont l'ethnologie est obligée de tenir compte.

Sur ces peuples nous possédons de précieuses notions relatives aux mœurs, aux coutumes et même aux institutions ; mais nous n'avons rien, ou à peu près rien, qui puisse servir à des déductions anthropologiques rigoureuses. Le peu que nous possédons sur la linguistique, nous fournit des indications rebelles à toute tentative de comparaison et de classement.

Dans de telles conditions, est-il possible de conclure quoi que ce soit ? Je ne le pense pas. Mais il me semble qu'on peut au moins, à titre provisoire et jusqu'à plus ample informé, indiquer sur une carte de l'Asie orientale, comme je l'ai fait pour rendre plus claires les données que je viens d'exposer rapidement, le domaine occupé par ces races préhistoriques, et établir la limite de la zone parcourue par leurs migrations, telles que nous les connaissons aujourd'hui. Dans ce tracé, je ne suis pas sorti, je crois, des principes de l'ethnographie positive ; et, sans poser de conclusion prématurée, j'ai indiqué la situation géographique respective des populations sur lesquelles devront porter les recherches des savants qui s'intéressent à la solution du problème posé sous le numéro 84 dans le programme du deuxième Congrès international des sciences géographiques.

9 782329 353098